16	3	2	13
5	10	11	8
9	6	7	12
4	15	14	1

Yasmin Nigri

BIGORNAS

editora■34

EDITORA 34

Editora 34 Ltda.
Rua Hungria, 592 Jardim Europa CEP 01455-000
São Paulo - SP Brasil Tel/Fax (11) 3811-6777 www.editora34.com.br

Copyright © Editora 34 Ltda., 2018
Bigornas © Yasmin Nigri, 2018

A FOTOCÓPIA DE QUALQUER FOLHA DESTE LIVRO É ILEGAL E CONFIGURA UMA
APROPRIAÇÃO INDEVIDA DOS DIREITOS INTELECTUAIS E PATRIMONIAIS DO AUTOR.

Imagem da capa:
Francesca Woodman, House #3, Providence, Rhode Island, *1976,*
vintage gelatin silver print, 16,2 x 16,3 cm
© *Copyright and courtesy Charles Woodman*

Capa, projeto gráfico e editoração eletrônica:
Bracher & Malta Produção Gráfica

Revisão:
Cide Piquet, Fabrício Corsaletti

1ª Edição - 2018

CIP - Brasil. Catalogação-na-Fonte
(Sindicato Nacional dos Editores de Livros, RJ, Brasil)

Nigri, Yasmin, 1990
N339b　　Bigornas / Yasmin Nigri — São Paulo:
Editora 34, 2018 (1ª Edição).
120 p.

ISBN 978-85-7326-713-6

1. Poesia brasileira contemporânea.
I. Título.

CDD - 869.1B

BIGORNAS

Rua de ontem

Gosto de você	15
Separar as tarefas do dia	16
Sabe o que cairia bem?	18
Primeiro encontro	19
Pastilhas Garoto	20
Sonho	22
Manuais	23
Largar você não vai ser fácil	24
Hula	26
Isso não é um poema de amor	28
Rua de ontem	29

Recibos

Tchekhov	35
Stanislávski	37
Pizarnik	38
Ana Martins Marques	40
Antimusas	42
Paul Klee	43
Bergman	45
Angélica Freitas	46
T. S. Eliot	48
Avenida Niévski	49
Manoel de Barros	50
Cúmplices	51
Kafka	52
Flora	54
Calvino	56
Animais de estimação	57
Glauber	58

Frank O'Hara 59
Proposta 62
e. e. cummings 64
Morte 65

MULHER MALEVICH

Mulher Malevich 69
Encontro 70
Aurora 71
Lençóis 73
Proibido pisar na grama 74
Pequi 75
Chegada 76
Revisão 77
Astro 78
Como poderia partir 79
Dilemas de uma feminista acadêmica 81
Terror de te amar 83
The woman cuts the circle 84
A picada silenciosa no ventre de toda mulher 85
Partida 86
Sobre isto, meu corpo não cansa 87
Gosto do deserto 88
Pluma azul 90

BIGORNAS

Poemas como bigornas 93
Presente 94
Acidentes 95
Fé cega 96
Notívaga 97
Camisola de seda 98
Escola 99
Espinhos 100

Poesia.. 101

Fogo... 102

Melancolia 103

Deserto... 104

Cabeças.. 105

Retrovisor 106

Leoa 107

Meteoro 108

Mãe.. 109

Mudez.. 110

Dia útil... 111

Bigorna 112

Agradecimentos.. 114

Sobre a autora... 115

BIGORNAS

Para todas as mulheres,
sem dúvida.

Especialmente minha mãe,
Lucilene Souza Campos.

RUA DE ONTEM

Es bleibt uns vielleicht
irgend ein Baum an dem Abhang [...]
es bleibt uns die Straße von gestern

Resta-nos, quem sabe,
a árvore de alguma colina [...]
resta-nos a rua de ontem

(Rainer Maria Rilke, *Elegias de Duíno*,
tradução de Dora Ferreira da Silva)

GOSTO DE VOCÊ

Gosto de você
Como gosto da teoria das cordas
Dos buracos de minhoca
E dos buracos brancos
Que são o avesso dos buracos negros
E permitem que o universo permaneça
Em constante expansão
Na prática não existe
Nenhuma comprovação
Dos buracos brancos
Mas você sabia que um par de partículas
Subatômicas
Como um elétron e um antielétron
Agem como se estivessem entrelaçados
Telepaticamente
E bastaria um computador
Maior que o universo
E átomos do nosso corpo
Entrelaçados a átomos livres
Para que pudéssemos nos teletransportar
Para qualquer lugar do multiverso
Gosto de você
Como gosto das coisas
Que o homem ainda não alcançou

SEPARAR AS TAREFAS DO DIA

Sair do acordo com o pântano

Enumerar lugares mais penalizados
Me convidar para um ménage
Recusar o convite por medo de decepcionar
Duas ou mais pessoas de uma vez

Traçar estratégias para quando a vida me derrubar
Tipo um dublê

Traçar espaços para os quais estou indisponível em ordem
[decrescente

_____

_____

_____

Começar, apesar das desvantagens linguísticas
Fazer pegar novamente o apelido
"Comedor de batatinhas fritas!"

Se é que tudo isso me compete
Se é que tudo isso não seja reabsorvido

Ser aquela que grita "o rei está nu!"
Ser um embuste maior que o rei

Chegar numa conversa e dizer
"Obtusa monocultura stripes and stars!"
Com entonação solene

Ser uma dessas pequenas personagens que recebem mais
[atenção do que merecem
E vocês se lançarão sobre a isca

Pintar por passatempo ou terapia e ganhar milhões
Tirar desses milhões a grana pro dublê

Bolar um último recurso

Como fez Bart Huges ao perfurar o terceiro olho com uma
[broca de dentista
Tornando-se o precursor da trepanação e um dos expoentes
[do happening

Elencar recortes de classe

No linguajar comercial P.A. é a soma de peças vendidas
Dividida pela quantidade de atendimentos
No linguajar universitário P.A. é pau amigo

SABE O QUE CAIRIA BEM?

Quatro anos de graduação
Dois anos de mestrado
Seis anos de alemão
E quando vejo essa porta vermelha
Ainda quero pintá-la de preto

Não tenho mais paciência para amar
Talvez devesse praticar zen budismo em Copacabana
Custa vinte reais a sessão de zen budismo em Copacabana
Deixa pra lá começa sete da manhã o zen budismo em
[Copacabana

Ando refletindo sobre estreitar relações com minha
[espiritualidade e
Fora da faixa de pedestres um carro em alta velocidade
[quase me atropela
— Tá maluca, quer morrer?
— Talvez eu queira, seu idiota!

Às vezes perguntas tolas me vêm à cabeça
Como assim você é fã dos Beatles
E atravessa fora da faixa

Às vezes pensamentos malignos me vêm à cabeça
Sabe o que cairia bem agora
Você de um prédio

PRIMEIRO ENCONTRO

Qual é o gosto da tua língua na minha boca?
— Imagem de algo raro escorrendo.

Dada a chance de escolher qualquer pessoa no mundo,
quem você socaria?
— Estamos mais hipócritas que festa hétero.

Kit Kat?
— Ninguém tá te pagando pra fazer merchan, Yasmin.

Toda vez que viajo lembro...
— O número de obesos já ultrapassa o de desnutridos.

Desempregados mas diluindo nosso sangue em água...
— *Era beber sem supor alguém após o drinque?*

O limite da função histórica do sujeito?
— Planetas decidindo sobre vidas.

PASTILHAS GAROTO

Foi curioso notar que
Nunca te superei
Como nunca superei
Nenhum ex
Meu terapeuta disse
Essa semana
Não existem
Maiores abandonadas
Passei meses sem tempo pra transar
Lembrei de você
Quando dei conta das tarefas
Já não sentia falta da rua ou das pessoas
Machuca tanto esse fingimento permanente
Que tem sido encontrar pessoas
Também hoje lembrei de você
Dizendo que ia à banca comprar cigarros
E voltando com um bombom sonho de valsa
E pastilhas de menta Garoto
Porque eu amo pastilhas de menta Garoto
Você mordia um pedaço do bombom
E deixava todas as pastilhas pra mim
Afeito a entradas dramáticas
Chegava da rua jogando o maço na mesa
Depois mostrava as mãos fechadas
E pedia pra eu escolher uma
Mas você nunca revelava o que tinha

Ao invés disso me beijava a face inteira
Sorrindo você dava com os dentes
Quatro até mesmo cinco vezes no meu rosto
E sem fechar a boca frouxa
Abria as duas mãos ao mesmo tempo
Numa havia sempre um bombom sonho de valsa
E na outra pastilhas de menta Garoto
Eu te puxava pra cama e preparava
Uma surra de beijos que consistia em
Bater diversas vezes com a cara no seu corpo
Você ria tão alto quando eu gritava
SURRA DE BEIJO
Imitando a voz do Darth Vader
Talvez fosse esse o motivo
Das surpresas com pastilhas e bombom
Todo santo dia
Hoje eu bem poderia transar
Mas vou mastigar pastilhas de menta Garoto
Enquanto fumo um cigarro

SONHO

Sonhei com Paul no metrô
Ele chegava em minha orelha e disparava
De onde vêm todas essas pessoas solitárias?

Algo terrível acontece todos os dias: acordo

Minha mãe tenta me animar
Vamos olhar as modas?

Aqui tem uma linha, visualiza
Aqui você, eu do outro lado
O entorno é um museu
E essa é a funcionária pedindo
Encarecidamente: não ultrapasse

Entenda, não porque sou rara ou valiosa
É que nessa fase da vida:

Não tô podendo largar o cigarro
Não tô podendo abrir mão da carne
Não tô podendo pegar ebola

Tudo que almejo é o ostracismo
Você faria melhor uso do seu tempo
Polindo a prataria

MANUAIS

A gente sabe que está vencendo
No capitalismo
Quando homens nos procuram
Para falar só de trabalho

Você me diria ah
Mas qual a necessidade disso
Tudo que fazemos vira poesia, tem eco

Ao passo que eu ué
Essa semana você fez uma panela enorme de lentilhas
Qual a necessidade de tanta lentilha?

Essa desistência é provisória
Tudo será superado
Domingos transgênicos tabagismo danças húngaras

Talvez seja mesmo de aceitar
Que a toda hora há alguém traduzindo
— mal traduzida —
Uma obra do Nietzsche

LARGAR VOCÊ NÃO VAI SER FÁCIL

No início especialmente
Não vai ser nada fácil
Mas também não vai ser
Como das primeiras vezes
Essas doeram um bocado
Mesmo assim
Largar você não vai ser fácil
Lembra aquele mochilão
Que fizemos pela europa e
Descobrimos que quase toda estátua
É uma estátua da sorte
Basta fechar os olhos
Esfregar as mãos
Na parte mais clara
Geralmente os joelhos
Pés seios ou mãos
E fazer um pedido
Largar você vai ser
Passar pelas estátuas
Sem pedir por nada
Sentir fome
De barriga cheia
O que me lembra que
Cozinhar só pra mim não tem graça
Viajar sozinha sai mais caro
Largar você não vai ser fácil

Como um intercâmbio em Genebra
No início vai tudo bem
Depois faz silêncio demais
As horas são demais
Tudo é calmo demais
Frio demais
Não tem feijão em Genebra
Não sei lidar com términos
Escrevi depois rasguei um bilhete que dizia
Se você me atazanar te largo 1 tiro
Vê se me erra, satanás
Não sou comum com despedidas
No meu copo sempre fica um dedo de café
Lavo a louça e largo o ralo sujo
Tomo banho e esqueço o gás ligado
Abandono um par de meias na máquina
Fins pra mim são terríveis
Tem sempre um vestígio
Por onde eu passo
Um prato sobre a mesa
Alguns fios de cabelo no pente
Não é uma questão urgente
A idade não é mais de esperar
A mágoa, a injúria e o rancor se instalarem
Pra que contar com a mágoa imperdoável
Largar você não vai ser fácil
Mas lembra quando eu voltei de Genebra
E perdi meu passaporte
Não faz diferença

HULA

Te mostrei o caminho da cama
Você perguntou
É daqui pra onde?
Então levei sua boca a meus lugares favoritos
Concorda que antes de irmos à lona
Levamos um bom par de horas?

Como você pôde achar que te manchei?

Repara antes do nocaute
Eu ia casar com você
E se você tivesse pedido com muito jeitinho
Eu teria feito seus filhos
Sem querer filhos

Como você pôde achar que te manchei?

O luto tem que passar
Não dá pra viver mais
Nem um par de horas
Dessas que se afastam e se perdem
Na vastidão de dias irrelevantes

Como você pôde achar que te manchei?

Eu não deixei de amar você
Só tô puta
Só tô desesperada
Mas já tá tudo resolvido
Eu vou sentar na sacada
Arremessar coisas na cabeça de quem pareça apaixonado

Como você pôde achar que te manchei?

Era pra ser madura?
Era pra ser adulta?
O que você queria que eu fizesse?
Botasse um colar de havaiana e dançasse hula?

ISSO NÃO É UM POEMA DE AMOR

É mais fácil um carvalho transpirar
Do que eu te escrever um poema de amor

RUA DE ONTEM

A gente assistia Anticristo na cama comendo pastel de
chocolate
Enquanto você me acariciava a barriga
Naquele tempo já parecia tão difícil a união

*Como era mesmo que você me olhava quando a gente
ainda se via?*

Uma duas várias ondas de raiva te destruíam as mãos e a
louça
Leão enjaulado eu defendia seu show à plateia estupefata

Meti a mão na sua cara
Verdade seja dita eu meti a mão na sua cara algumas vezes
— Você fica parecendo uma vagabunda com essas argolas
de solteira

O motel aos dezoito era mais ou menos: vestir roupões
brancos que engoliam a gente pedir macarrão com
camarões e escolher com esmero aquele corpete branco
com meias ¾ e um salto Melissa

*Como era mesmo que você me olhava quando a gente
ainda se via?*

Na festa em que tomamos LSD pela primeira vez
Pulamos a noite inteira na grama
— Você sabe como minha mãe me irrita mas eu não
empurrei ela
Nem dinheiro tínhamos pra pagar
Juntamos metade dos seus livros
E vendemos no sebo

Aos sábados eu cozinhava enquanto você jogava GTA
— Eu não preciso de amigos eu tenho você
E largávamos tudo sujo na pia

Às vezes me levava uma rosa vermelha
Escondida nas costas
O buquê, você leu, era enfeite para a casa

Com base no trecho acima marque a(s) alternativa(s)
correta(s): a) dona de casa não é sujeito; b) livro de
autoajuda não é literatura; c) buquê não é flor; d) só pode
existir cavalheirismo em uma sociedade profundamente
machista

Aos finais de semana fazíamos
Amor na praia de Copacabana
No barco náufrago você sacrificava sua família e me
salvava
Two against the world

— Não pode sair sem mim
— Eu tô tentando melhorar
— Uma coisa de cada vez
— Calma!

Brigando fora de casa
Brigando dentro de casa

Xingando aqui e acolá
Fim

Foi tudo um sobressalto porque o amor é um sobressalto e fica difícil enxergar o que tá por trás desse salto descer desse salto pisar no chão novamente o chão é duro a suspensão é sempre deliciosa crescer nem sempre é uma coisa boa guarda isso você não vai precisar mas se for guardar algo de tudo guarda isso saber que você anda gritando com a sua namorada nova escutar vai tomar no seu cu duas vezes acabou tudo sabe amor não pode ser conivente assim não basta o feminismo liberal não basta desculpas não bastam arrastam a corrente eterna

Es bleibt uns die Straße von gestern

RECIBOS

l(a	so
le	(l
af	f
fa	o
ll	l)l
s)	(ha
one	c
l	ai)
iness	itude

(e. e. cummings,
tradução de Augusto de Campos)

TCHEKHOV

estamos pisando sobre os restos
única maneira de não esquecer

Irina bebe às vezes respira
hoje é o capítulo final da novela

rastreador ligado
por livre e espontânea assinatura

vai pro futuro, Olga
um carro de dois lugares

quantos morreram na Liberdade
em nome da ordem

Masha não sabe onde quer chegar
Andrei se entregou a um ponto fixo

rompe uma luz perdida
eles não sabem por onde pisam

fios de sangue varridos
massacres esquecidos

uma prisão chamada entretenimento
uma prisão de classes

subindo pela língua
os rostos refletidos no asfalto

as lanternas da Liberdade
queimadas afogadas sem vestígio

como é mesmo o olhar dos motoristas
de caminhão pipa

que não têm água em casa
que não têm água em casa

STANISLÁVSKI

Dizem que quando Stanislávski leu pela primeira vez *A gaivota*, perguntou a Niemiróvitch: *como eu vou encenar essa peça esquisita?* Ao que seu parceiro prontamente respondeu: *se vira*.

PIZARNIK

poderia morrer abraçada a essa lágrima
(ou esperaria que congelasse para patinar sobre?)

avanço vitrais e abóbadas em comoção
vejo inúmeras marcas impressas do que li e ouvi

assombro incurável
todo poema se cumpre às minhas custas

em que diabos pensava quando os pari?
sou um blefe nunca mais vou escrever

enquanto eles se vestem com elegância e aprumo
vou perdendo roupas abotoaduras sapatos

por baixo dos trajes eles não existem
ando nua

caminho até o relógio e dou corda
para afastar a sombra intrusa do meu quarto

sempre fui noturna
crio situações impossíveis quando todos querem dormir

as noites chegam com o barco que de mim partiu
ivelejado

terror de naufragar
sorrio no espelho à revelia de tudo

todas as horas da vida
gostaria de dedicar-me à poesia

ANA MARTINS MARQUES

Ana anda quebrando copos
porque não tem panelas
Ana não largaria tudo
por um grande amor
Ana esquece de responder as pessoas
mas no coração ela responde
Ana não gosta de arroz
e é alérgica a frutos do mar
certa vez Ana foi a um jantar
onde serviram risoto de camarão
Ana não se desfaz
de nenhum livro que ganha
Ana achou bonito o meu enquadramento
embaixo das folhas de caule espinhoso
enquanto fumávamos na varanda
pediu cuidado com os espinhos
disse que daria uma linda fotografia
mas não tirou a fotografia
Ana não gosta de aparecer
em fotografias
Ana gosta de quem não faz alarde
e me pediu em casamento
quando cozinhei pra ela
Ana gosta do que faz
Ana me deixa bilhetes
em cima da mesa

e também alguns livros
leio enquanto tomo café
imaginando que sejam pra mim
Ana acha difícil falar
e mais ainda escrever
Ana me dedicou um livro
agradecendo minha amizade
Ana é discreta
e tem muito senso de humor
Ana sorri mais
muito mais do que eu supunha
e mesmo quando dança
não é feliz

ANTIMUSAS

desmedida para a poesia e
nada diante das pedras
já não há ombro
na medida do meu fracasso

pensar que piso onde
antes esteve Cleópatra
depois Dante aquele que
teria jogado no inferno
minhas antimusas

Ana C.
Silvia Plath
Anne Sexton

e tantas outras que o habitaram em vida
escreviam para resgatar o que é morto

onde Eros sobrepuja Tânatos
descobriam os vivos

PAUL KLEE

não procurar a cor
ela me possuirá

prolongar o eixo
no qual os homens
se equilibram

tal como o funâmbulo
se estende sobre a corda
segurando um enorme bastão

viver na natureza
rigor mais austero e beleza mais fluida

a cor será protagonista
cada superfície defenderá seu lugar e verdade

tons primaveris
expressões opacas
declínio inevitável

grossas linhas pretas violentando
a leveza dos eventos

encurtar distâncias
conciliar frescor e vibração

com o mais obscuro e brutal
pulsando ameaçadores à sua maneira

tal como a vida e seu escopo

BERGMAN

no céu da boca
uma textura de
baba de quiabo

uma ligeira contração
nas dobras

profusas formigas
nas axilas

uma injeção o apaga lentamente da existência

nenhum guinchar de macacos
nenhum ulular de hienas

apenas a fenda do inconcebível
aberta

ANGÉLICA FREITAS

cavava a areia com os dedos
quando você lembrou que os tatuís
sumiram da praia de Copacabana

me bota pra pensar
me bota de quatro
me bota as calças e adeus
é chegada a hora do lobo

— vamos viver de agricultura orgânica em Lumiar!
— só se o moço do telemarketing for!

um rapaz de 21 anos me saudou com
alô você
eu ri

ainda assim quero ir embora daqui

em plena terça-feira ele veio
me comeu com pizzas e refri
o refri não tomei

os pedaços de pizza
que sobraram eu comi
no café da manhã
lendo Angélica Freitas

sem café
café tem me tirado o sono
sabe como é

uma voz interna escarnece violentamente
tudo tem te tirado o sono
menos o café

e essa irritação na língua
que insistem em chamar de afta
não passa

T. S. ELIOT

resquícios do fruto amargo entre os dentes
abrigando sua ausência

o futuro é uma canção entoada por sua voz esmaecida

sua garganta agora se confunde com a garganta escura
[do mar
onde ainda posso escutar seu lamento

enquanto uns partem outros se acomodam entre as folhas
amarelas de cartas jamais enviadas

sonhei que descansávamos em leito inoceânico
nunca remado

despojados de tudo
a violência não nos vitima

o movimento não nos consome
como a onda às rochas

sonhei que o mar não nos julgava
e nenhum outro tribunal

AVENIDA NIÉVSKI

o grande segredo que falta a você
é descobrir que a poesia reside
nesse espaço onde se pode mentir

o arcabouço de mentiras é o local
onde o ser escorre em linguagem
Ítaca Macondo Avenida Niévski

passageira dos trópicos ao ocidente
o cavalo branco de Ibsen me corta
feito o príncipe olhando a baleia de Béla Tarr

passa uma criança de smartphone
e bochechas salientes
uma mãe contemporânea
dá tudo que os filhos pedem

MANOEL DE BARROS

apequenei-me de imensidões
deu furo o meu vazio
repleta de imanências
ocupei-me em desconhecer
coisas e seres
desletrei-me
colecionei desutilidades
apropriada para nadas
preteri ser gente
para andar com os bichos
devotei-me às borboletas
que devotam túmulos
quis ser túmulo
não sendo subterrânea
tentei árvore
depois ninho
tampouco sendo madeira
ou verso de folha
tentei pedra
não fui comum com pedras
assumi compostura de água
acomodei-me incolor
no concluir das marés
sentimento longínquo
ampla solidão
de coisa esquecida na terra

CÚMPLICES

impetuosos em nosso amor fleumático
nos conhecemos a ponto de não temer
tocar nossas sombras
gosto do seu rosto encabulado
habituado ao próprio desvão
ar altivo e seguro
segredando tédio
construímos muros de palavras ao redor
do que não dava para amar nem destruir
já não tememos mais o silêncio
somos felizes
toda vez que nos esbarramos

KAFKA

não sinto sua falta
quando posso dela
tomar uma forma
da qual tiro prazer

tudo o que não é arte me aborrece

como agulhas de gelo
o amor muitas vezes
toma a face da violência

esmagada
pela simples materialidade do meu corpo

sou só
como Franz Kafka

e até mais
por ser mulher

quão pequena me torno diante das abelhas!

transformo minha doença em arma contra o mundo
ninguém como eu reconhece uma prisão
nem Franz Kafka

agora não tenho recursos para análise
tão consumida pensando em você
não escrevo

sonho que minhas mãos são inflexíveis
e tento em vão empunhar
o medo insuportável de ser feliz

já não tenho salvação enquanto mudar
seja transplantar os olhos

a escrita não cura a doença do mundo
e já nem posso chamá-la de minha

aber ohne dich kann ich nicht leben

FLORA

será verdade que as pessoas
solitárias preferem animais
a outras pessoas

no escritório
a três baias de Flora pensava
qual seria seu animal favorito

pela brevidade
talvez uma mariposa

pela intolerância
talvez uma doninha

talvez um panda que só tem olhos
para ramos de bambu

no escritório
a três baias de Flora pensava
em convidá-la para jantar

divagava
na madrugada será
que vai sozinha à caça

ou fecha os olhos
mente opaca

fantasia inquieta
se abrir para a noite
como a mariposa

será que afugenta a todos
como a doninha ou

às vezes é vista em par
como o ornitorrinco

no escritório
a três baias de Flora desesperou-se

porque talvez ela fosse uma toupeira
que vai pouco à superfície

brinca sozinha
nos túneis que cava

quem sabe queira companhia
para atravessar a bruma

branca sob o pôr do sol
quem sabe será feliz

entre a nervura das folhas
e o húmus

CALVINO

Perseu heroico
guardou da Medusa
a cabeça
para sacar apenas
a seus piores inimigos
frágil e perecível
a monstruosa cabeça
teve a face voltada para baixo
já vencida
foi pouco incomodada em seu saco
num refrescante gesto
da maior cortesia

ANIMAIS DE ESTIMAÇÃO

aprender alemão é se insinuar
na direção do neutro
impronunciável
das fugas sorrateiras
e breves cintilâncias
aprender alemão é se insinuar
na possibilidade da margem
impenetrável
da filosofia
na Alemanha aumenta a cada dia
a lista dos que amaram mais animais
que seres humanos
aprender alemão é se insinuar
onde coexistem o melhor e o pior
já alcançados pela humanidade

GLAUBER

Tenho um amigo chamado Glauber. Sempre que desejava agradar, e estava de bom humor, se dirigia aos amigos assim: *Como vai, mestre? Elegante como sempre o mestre.* O delírio de Glauber era fazer cinema com imagens. Ele dizia: *Palavra é coisa de teatro e não cinema.* Glauber era um homem sem claquetes. Costumava interromper os amigos nos momentos mais inusitados, instaurando a atmosfera de conspiração que o acompanhou por toda a vida: *Não diga que me viu, para a sua segurança pessoal.* E sumia. Entendo perfeitamente seu sentimento de asfixia. Sentimento esse que contribui em muito nas mortes prematuras. O Brasil tem essa mania esquisita de maltratar seus melhores filhos. Não quero fazer um livro que vá tomar um ou dois dias do sujeito pra ele ser enganado. É o máximo grau de vitalidade anárquica que meu corpo cansado atingiu. Uma das poucas escolhas que um escritor pode fazer na vida é seu leitor. Quero escrever pras pessoas que queimam a vela dos dois lados. O mínimo que se espera de um leitor é que ele ande nu na sua intimidade. O mínimo que se espera de um leitor é que ele tenha um amor especial pelos esquecidos e os que deixam de escrever.

FRANK O'HARA

estava no banho
quando pela primeira vez
você rompeu uma barreira
abrindo a porta do box
se unindo a mim
ri de nervoso
você notou e perguntou
o que houve
esbocei algo mas desisti
visivelmente sem graça
você notou e perguntou
com um sorriso no canto da boca
o que houve
eu mostrei a gengiva
constrangida
e disse
nada
não tava esperando
você mostrou a gengiva
junto comigo
e me abraçou
embaixo da água corrente
pegou o sabonete
e deslizou nas minhas costas
tensa
eu tava tensa

e corei
você não viu
anos mais tarde
você contou
foi nesse dia
que comecei a me apaixonar
mas era mentira
anos mais tarde
eu escovava os dentes na pia
você tomava banho
já sabendo o quanto eu amo
as figuras contra o vidro
de Francis Bacon
colando o rosto no box
esfumaçado
você me fazia caretas
e eu ria
a boca cheia de espuma
às vezes você fazia
uma onomatopeia
eu cuspia um pouquinho de pasta
em parte porque te amava
em parte pelo seu amor
por piadas sem graça
e na mesa da sala
você fazia nossa piada secreta
o sinal era
na luz quente do rio de janeiro
às 8 da manhã
nós estamos
e eu fazia aquilo
comendo tapioca com requeijão
e você complementava
esperando uma abdução alienígena
e eu complementava

torcendo pela revolução androide
e você complementava
pensando quantas línguas fala o cavaleiro polonês
eu tirava a mesa imitando o Nu Descendo Uma Escada
você molhava a esponja na água imitando a Monalisa

PROPOSTA

posso te oferecer
tantas respostas
não precisa
tirar a venda
eu tô disposta
a não te machucar
se eu te pegar por trás
se eu te algemar
vai melhorar
se eu te segurar
pela corrente
e te lançar contra a parede
se eu afivelar
uma mordaça-bola
na sua boca
se eu estalar
nas suas costas
um chicote
de 8 tiras
vai passar
se eu comprimir
seu calcanhar
numa tornozeleira
e te estrangular
com uma coleira
vai curar

a ferida crua
exposta
roçando
a sua jugular
você não vai mais ser o mesmo
pressionando o peso
do meu peito
contra o seu
eu te prometo
um transe delicado
eu te ensino
a sufocar
nas minhas mãos
eu te ensino
a urrar
com o dedo
no seu rabo
dois três quatro
você vai pedir
pelo meu braço
não creio que você
saiba o que é prazer
um pouco de dor
para afastar
a dor

E. E. CUMMINGS

você faz comigo
o que a folha em queda faz
ao coração de e. e. cummings

MORTE

na juventude atirava
pedras em andorinhas
depois ia à feira vendê-las
decidia aos atropelos
como se virar no dia
e parecia uma surpresa
que sua alma pudesse ser tão boa

nunca conversamos
sobre meu pai
já adolescente tento
tocar no assunto
e tomada de cólera
ela logo me interrompe

criei você sozinha mulher num mundo machista o
problema é perdoarmos tudo permanecemos tristes mesmo
apaixonadas inseguras mesmo em casa e toda essa conversa
me envelhece 5 anos

é mesmo uma façanha
perdoarmos tudo
poucos minutos já estava
sorrindo novamente
forte como as algas
que acendem o oceano

hoje soube
de sua morte imerecida

MULHER MALEVICH

"Jamais escrevi, acreditando escrever, jamais amei, acreditando amar, jamais fiz coisa alguma que não fosse esperar diante da porta fechada."

(Marguerite Duras, O amante, tradução de Aulyde Soares Rodrigues)

MULHER MALEVICH

sua inconsistência
é muito consistente

uma vez perguntei:

— por que você faz se é impossível?
— porque é interessantíssimo.

ela se diz livre como as cores
quando finalmente liberadas
pelos abstracionistas

ela é a coisa mesma
e eu a mesma coisa

o que realmente é visto quando se vê?

uma mulher Malevich
ultrajantemente livre

já não sei se posso me abrir o suficiente
uma vez me chamaram agressiva agressiva

ela veste branco
e lembra os dias de escola em que eu me cortava

ela diz me beija
e o coração levanta voo

ENCONTRO

você arranca da plateia
aplausos ruidosos
e toca só pra mim
um som sussurrado
sou a única capaz de ouvi-lo
você o sabe
e quando nos encontramos
é porque repouso unicamente
em nossa melodia apaixonada
desde que nos conhecemos
nosso passo vai junto
silencioso
esse segredo delicado
não é amor
amor é outra coisa
o que tocamos
intimamente
uma na outra
é a mais pura solidão

AURORA

como poderia
esse entendimento
transtornado
ser algo
inteligível

eu te digo
não sei
há mais
entre a noite
sem medida
e as facas
na cozinha

espio rente a sua inquietude

o espectro do amor
habita a senda sutil
insuportável

mais fácil cavalgar
um pau duro
do que esse entendimento
transtornado

eu te digo
não sei
mitigar sua dor
não quero
reparar a mulher
quebradiça

olhos nos olhos
da sua ferida
confia que
a cesura
da vida
não tarda
em falhar

aprendo seu alfabeto

atenta
guardo sua solidão

não sei mais o que fazer

abrigo a aurora
enquanto aguardo
sua volta

inesperada

LENÇÓIS

acompanho o movimento da sua respiração
o ronco que anima sua traqueia
inspiro e expiro no mesmo compasso
o ar desce pelo nariz
ganhando consistência
arrastando tudo em seu caminho
vibrando os órgãos de cócegas
eu me sinto tão frágil e expandida
espreguiçando de dentro pra fora
você desperta suavemente e cai num bocejo
eu entro fantasma em lençóis tão brancos
e toco você até que fiquem transparentes

PROIBIDO PISAR NA GRAMA

uma palpitação secreta no coração
vou agarrar a natureza pelo rabo
olho o relógio
não deu nem meio-dia
te espero na porta
para contar as boas novas
aqui onde há bancos
e essa placa
proibido pisar na grama
retirei a placa

PEQUI

o que fazer
com esse desejo
de chupar um pequi
bem carnudo
até dilacerar
de espinhos
a língua
o que fazer
com esse desejo
de você

CHEGADA

como as aves
que quando pousam
decepam as árvores
não vim porque é você
a única companhia possível
não vim porque me levanto
onde você se deita
e podemos dizer devagar
por falta de folhas
ou menores cobertas
tudo que nos sufoca
o sono seco
nem por isso perdoamos
uma só gota de orvalho
tampouco vim porque temos juntas
dezesseis mãos
nublando essa visão
que tudo devassa
vim porque te amo
e estou entre o céu e a corda

REVISÃO

no calor do momento
escrevo coisas como
sinto-me sozinha e inútil

como se a vida
já não me rebaixasse
o suficiente

ASTRO

à espera do sono
onde sonho e realidade convergem
para que se repare o dano

antes que assente fundo
antes que os perseguidores possam reclamá-lo

preciso fosse, escreveria ao mofo das paredes, preciso fosse,

_____

então você chega
e traz consigo o que a aurora dispersou

envolve meu ventre
o delicado manto que sai da sua pele
e deita ao meu lado o segundo astro que veste a cidade

COMO PODERIA PARTIR

como poderia partir
quando fervilha
na boca o não dito

quando gasto a saliva
beijando canudos
e juras furadas

na companhia de anarquistas
de boca áspera
tomados pela preguiça

coleciono feridas
não cicatrizadas
no canto do coração arisco

não me faz falta a felicidade
me atormenta o excesso
de coisas tão abstratas

que não posso roçar
em ninguém

faz falta
a plasticidade dos joelhos

um fósforo inteiro
um par de utensílios

um artesão que abra
meu peito por dentro
tire os ossos do centro

revestida e armada
saio correndo
dou a volta

e qualquer sopro me traga
pro mesmo ponto

DILEMAS DE UMA FEMINISTA ACADÊMICA

dilemas do feminismo

no trajeto Niterói-Praça Mauá
sinto a virilha coçar
tarde demais
toda vez que me depilo
fico puta

vida adulta

aos vinte e muitos anos
descobri que não sei o que quero
e uso vírgulas por intuição

estatística

apenas três pessoas no Brasil
sabem usar corretamente à crase

sentimento de crase

crase não se aprende
vive-se
toda estudante sabe
crase é um sentimento
ou bate ou não bate

citação

o que se coloca entre aspas
quando tudo já foi dito
é a insistência
em nomear nossos fracassos

metas

comprar passagem de ida
para aquele lugar
que começa com N de Noruega:
Nem Aí.

caro, Freud

como me defender
dos pequenos perigos
dessa ilha
todos os dias
a infância retorna
na hora do sono
e me cobra

infância

houve um tempo em que as noites eram para dormir

vida adulta 2

pagando um preço alto
pelas escolhas que fiz
numa época em que não havia
a menor condição
de eu escolher qualquer coisa

TERROR DE TE AMAR

pegue nas mãos e pese este objeto ínfimo
vermelho-júbilo
enquanto trabalho
não sinto medo quando meus olhos estão por trás de uma
lente
apesar de nunca ter atingido o resultado pretendido
na busca pela terra sólida e dura
digo tudo num verso convulso até tombar brandamente
só o peito permanece
sítio frágil

THE WOMAN CUTS THE CIRCLE

no fim me imagino com
manchas marfim pelo rosto áspero
voz ressonante e ativa
terei abandonado os manuais
não escreverei para ser lida
mas pelo gesto de existir
rompendo os círculos
o xadrez será minha escola
de silêncios
reconhecerei meu isolamento
e sentirei a flama do mundo
pelo simples prazer
de olhar para ele
como se olha uma lareira
fulgurante de ruínas e imagens
quando a árvore virar caixão
tornarei a segredar-me sob o solo
visível escondendo invisível
finalmente esfinge
sem perguntas

A PICADA SILENCIOSA
NO VENTRE DE TODA MULHER

tudo que amei amei sozinha
tudo que odiei odiei sozinha

PARTIDA

já não somos as mesmas
desde que voltamos
lembro das vezes
que você lamentou
porque não como peixe
e nenhum outro animal
não posso te acompanhar
no seu maior prazer
ontem mesmo estive
acuada feito animal
nas suas mãos
não sou capaz
muito menos você

como os animais fogem
se você tenta machucá-los
e uma alface não reage
quando é cortada
estou de partida

SOBRE ISTO, MEU CORPO NÃO CANSA

contornando trilhos
que nunca cicatrizam
nessa eterna manobra

se lhes torço o cenho
com ar zombeteiro

suas lanças caem

não mais desvio dos felinos retintos
inquisidores
ou desse Outro por quem vocês se passam

escrevo como quem corta veredas
só minhas irmãs entenderão

sabem-se condenadas
ao exílio útero
oco irascível

em torno dessa fogueira
ofertaram-me as mãos

e rodamos os passos interrompidos
de nossas ancestrais

GOSTO DO DESERTO

gosto do deserto
é o que eles querem que eu pense
não posso esquecer a água
nem de dividir a água
não posso esquecer as sementes
nem de regar as sementes
os homens me emprestam suas belas ferramentas
eu planto germino e colho
eu incorporo restos culturais
o solo é árido
não posso esquecer de repor os nutrientes
é importante pensar no clima
nos custos
e na área mínima
os homens do deserto levam tábuas
ciência
e dedos firmes
são eles que ligam tudo
a um sentido
por onde vão surge um lugar que não havia
eles criam a si mesmos
e também suas belas ferramentas
não posso esquecer de devolver as ferramentas
e na saída dar meus cumprimentos
minha função é vigiar vegetais
não posso esquecer de dividir a colheita

a casa a inspiração
os pés e as mãos
nem a luz mínima
"muita coisa começa a bater contra os muros do meu poema"
sorrio enquanto levam pela mão minha criança
ergo o rosto
fecho o caderno
e inspiro profundamente
eu me lembro de quando fui me deixando

PLUMA AZUL

sou quase feliz
assistindo uma pluma azul
em queda
trocando carícias com o vento
vencendo a resistência do ar
num balé vertical
a queda é seu triunfo
olho para a pluma azul
e sei imediatamente
que o ritmo não é
medida vazia de conteúdo
entretanto não quero mais me sujeitar
a tanta sensibilidade estéril
o mundo carece mais de ódio

BIGORNAS

Não há perguntas. Selvagem
o silêncio cresce, difícil.

(Orides Fontela, "Esfinge")

POEMAS COMO BIGORNAS

fracassar eu fracassei
mas antes arremessei
poemas
como bigornas
fracassei
e ao fracassar
ao menos fui
eu mesma
a régua

PRESENTE

pingo
e me espalho
pela sua casa
efêmera, surrada
e inflamável
sirvo
numa bandeja
as entranhas
aguadas
transbordando
o caule arrancado
e as carnes escuras

ACIDENTES

quantos acidentes temos infligido
um ao outro à espera
do primeiro a sucumbir

o amor possui em mim
suas próprias medidas e

toda vez que quis buscá-lo
toda vez que quis prová-lo
toda vez que quis prevê-lo

o amor ia mudando
até o ponto em que
já não éramos mais nada

FÉ CEGA

não existe a tal fé cega dos amantes
"como um animal anfíbio
que rompeu a rede"
tenho sonhado em ir pra cama sozinha

NOTÍVAGA

confronto o contraste
entre a brancura das paredes
e a poeira acumulada no rodapé
as paredes descansam dos seus socos
eu não

CAMISOLA DE SEDA

malgrado haver um corpo
e um vestido de seda
que vai ao chão
isso que está nu
e se contorce
é tão pouco meu
quanto seu

ESCOLA

elas caminham apressadas
em suas vestes vaporosas
enquanto eles passeiam
sem pensar

uma menina sai da escola
segurando um pirulito
um velho ri e se inclina
para ver

ESPINHOS

por obstinação
aprendi a tocar flauta
mas não os espinhos

POESIA

nunca escrevi
como se da poesia inflamasse o fogo
apenas recolho cascalhos gravetos madeira
e empilho

FOGO

o cigarro cai dos dedos
enquanto adormeço
apetecia ser lentamente devorada
pelo incêndio de um fogo consolador
desperto

MELANCOLIA

o corpo que tomba
tomba porque entendeu
todas as palavras
que sou incapaz de dizer

DESERTO

não sei do que falo
quando falo
e talvez gritasse melhor
se soubesse

CABEÇAS

não importa aonde vou
sigo acompanhada
desse eterno menear
de cabeças condescendentes

RETROVISOR

assim invisível
incorpórea
vou ao termo
posto de pé
o próprio amor
inflamado
vai a pique
você se queima
e sou eu quem sai ferida

LEOA

olhando bem a leoa
sequer parece se reconhecer
como leoa
parece mesmo é com as facas
que guardo na cozinha
e não cortam a si mesmas

METEORO

Inspirado na obra Meteorito, de Letícia Ramos

encosto os olhos na luneta
vejo uma escala cromática de brancos rasgar o breu
seria a sombra furta-cor de um meteoro cruzando o espaço
ou a europa penetrando o continente africano?

MÃE

sonhei que a veia
verde que pulsava
nas suas mãos

saltava
sobre mim

súbito ganhei asilo

MUDEZ

meu amor
não se engane
essa mudez
é mudança

DIA ÚTIL

a morte de um ente querido
torna tudo
opaco e silencioso
exceto o céu as ruas
e os transeuntes

BIGORNA

sendo princípio e fim
escrevo porque não há
deus ou homem
que seja como deus pra mim

AGRADECIMENTOS

Liv Lagerblad, pelo companheirismo, dedicação, generosidade e ensinamentos que alavancaram meus primeiros escritos.
Carolina Turboli, por me transmitir os maiores aprendizados dos últimos anos.
Laura Vaz, por fazer do descaminho um método e me acompanhar em todos os limiares.
Mariana Alves, por tornar a minha vida mais leve.
Gabriela da Fonseca, pela confiança, competência e iniciativa que tornaram a nossa amizade tão produtiva.
Laura Filgueiras, por ser a minha ligação com o mundo da alteridade.
André Capilé, pela orientação e pelo apoio durante todo o projeto.
Camila de Moura, pela esquizofriendzone.
Cide Piquet, por falar a minha língua.

SOBRE A AUTORA

Yasmin Nigri nasceu no Rio de Janeiro em 20 de setembro de 1990. Poeta, artista visual e ensaísta, graduou-se em filosofia pela Universidade Federal Fluminense (2013) e, na mesma universidade, fez mestrado na linha de Estética e Filosofia da Arte (2017), com estágio em Mediação Educativa no Museu do Amanhã e curso de língua e cultura alemãs (Hochschulwinterkurs) com bolsa do programa DAAD (Deutscher Akademischer Austauschdienst). É co-fundadora e integrante do coletivo de artes Disk Musa e colaboradora da *Revista Caliban* (https://revistacaliban.net/). Desde 2017 tem um canal no youtube chamado Alokadostutoriais (https://www.youtube.com/c/Alokadostutoriais), onde posta seus vídeo-poemas e outros experimentos. Trabalha atualmente com redação web e marketing de conteúdo para SEO. Dedica-se à poesia desde 2015, tendo sido publicada em diversas revistas no Brasil e em Portugal. Sua primeira participação em livro foi na antologia *50 poemas de revolta* (Companhia das Letras, 2017). *Bigornas* é seu livro de estreia.

ESTE LIVRO FOI COMPOSTO EM SABON,
PELA BRACHER & MALTA, COM CTP DA
NEW PRINT E IMPRESSÃO DA GRAPHIUM
EM PAPEL PÓLEN SOFT 80 G/M² DA CIA.
SUZANO DE PAPEL E CELULOSE PARA A
EDITORA 34, EM JULHO DE 2018.